Marion Statz

# Gemeinschaft – Freundschaft – Streit

## Kindgerechte Angebote für einen Werkstattunterricht in der Grundschule

Illustrationen: Corina Beurenmeister



Auer Verlag GmbH

Gedruckt auf umweltbewusst gefertigtem, chlorfrei gebleichtem
und alterungsbeständigem Papier.

1. Auflage. 2001
Nach der Neuregelung der deutschen Rechtschreibung

Gesamtherstellung: Ludwig Auer GmbH, Donauwörth
ISBN 3-403-0**3443**-7

# Inhalt

# I. „Wir wollen uns wohl fühlen!“ – Vorstellung des Werkstattkonzeptes

## 1. Grundlagen der Werkstattidee

Wenn Kinder aus sehr unterschiedlichen Kulturen und Hintergründen in der Schule aufeinander treffen, ist ein freundlicher Umgang miteinander oft ein langer Weg des Lernens. Die Schule soll ein Raum sein, in dem sich Kinder wohl fühlen. Die Kinder sollen lernen, sich gegenseitig zu achten und ihre Probleme gewaltfrei zu regeln.
Die Förderung der Sozialkompetenz und der Gemeinschaft ist ein langfristiger und schwieriger Prozess, der viel Einsatz fordert.
In wenigen Klassen reicht es aus, wenn zum Anfang der Schulzeit Kennenlern-, Kooperations- und Vertrauensspiele durchgeführt und die Klassenregeln besprochen werden.
In den meisten Klassen bleibt indessen die Förderung der Gemeinschaft, der Freundschaft und der gewaltfreien Streitbewältigung ein immer währendes Thema. In diesen Klassen gehören Schlagen, Boxen, Kratzen, Stoßen, Beschimpfen und Anschreien immer wieder, trotz vieler Bemühungen, zum Schulalltag. An diese Klassen wendet sich die Werkstatt.
Durch die Angebote der Werkstatt sollen die Kinder in ihrer Klassengemeinschaft, im Sozialverhalten und in der friedlichen Konfliktlösung gestärkt werden. Die Erziehung zum Miteinander bestimmt für eine Zeit den Unterricht. Die Angebote der Werkstatt können für die Bewältigung von Alltagsproblemen in der Schule wichtige Impulse geben. Ziel ist es, dass sich die Kinder in der Klasse ein kleines Stück mehr wohl fühlen.
„(...) Achtung vor der Würde des Menschen und Bereitschaft zu sozialem Handeln zu wecken ist vornehmstes Ziel der Erziehung.“ (Richtl. NRW S. 9)

## 2. Werkstattunterricht

Durch die Einrichtung einer Werkstatt soll den Kindern ein möglichst großer Spielraum für Eigenaktivität geboten werden. Dem individuellen Lernvermögen ist ein offener Unterricht angemessen.

Werkstattunterricht meint einen Unterricht nach der Organisationsform einer Werkstatt:
- In einer Werkstatt wird gearbeitet,
- nicht alle tun das Gleiche,
- hier arbeitet jemand allein, dort arbeiten Gruppen,
- nicht überall ist der Meister/Lehrer mit dabei, es wird selbstständig gearbeitet.

Nach dem Prinzip der minimalen Hilfe und des sozialen Lernens wird dem Lehrer freigestellt, einzelne Schüler intensiver zu betreuen. Die Selbstständigkeit des Lernens wird gefördert, was sich auf die Anstrengungsbereitschaft und Lernmotivation positiv auswirkt. Das Arbeitstempo ist individuell. Die Arbeitsangebote, die sie wahrnehmen möchten, können die Schüler weitgehend frei bestimmen.
Für jedes Angebot kann ein Helferkind bestimmt werden. Dieses Kind steht den anderen bei Verständigungsfragen zur Verfügung und ist für den Auf- und Abbau des Angebotes sowie die Vollständigkeit der Materialien verantwortlich. Die Helferkinder müssen zu Beginn der Werkstatt zuerst ihre eigenen Angebote bewältigen, um für spätere Fragen kundig zu sein.
Wer keine Werkstatt durchführen möchte, kann die Angebote als Ideenfundgrube für den Unterricht oder im Stationsbetrieb nutzen.

## 3. Durchführung der Werkstatt

Falls schon vor Beginn der Werkstatt Probleme bei einzelnen Angeboten abzusehen sind, kann man diese Angebote vorher mit den Helferkindern besprechen oder mit einer Kleingruppe ausprobieren. Selbstverständlich handelt es sich bei den aufgeführten Angeboten nur um mögliche Beispiele für den Werkstattunterricht. Es bleibt dem Einzelnen überlassen, die Angebotslisten zu ergänzen oder zu variieren. Daher sind auch die Piktogramme der Angebote oben rechts bewusst nicht mit festen Nummern versehen worden.
Bevor die Werkstatt beginnt, füllt jedes Kind einen Steckbrief aus. Darin sind viele persönliche Dinge enthalten, nur nicht der Name des Kindes.

Weiterhin erhält jedes Kind ein großes Werkstattheft mit einem Titelblatt und dem Angebotsplan. Auf dem Plan werden bearbeitete Angebote mit dem entsprechenden Datum gekennzeichnet.
Der Plan ermöglicht nicht nur eine Übersicht über den Arbeitsstand der Kinder, sondern auch die Kennzeichnung individueller oder allgemeiner Pflichtangebote. In das Werkstattheft werden alle Blätter der Angebote eingeklebt und Arbeitsaufgaben erledigt. Zum Schluss hat jedes Kind sein spezielles Heft über das Thema „Gemeinschaft, Freundschaft und Streit".
Zu Beginn jeder Werkstattstunde werden im Kreis je nach Klassenstärke und eingeplanter Zeit 2 bis 4 Steckbriefe vorgetragen und deren Urheber erraten. Diese Steckbriefkinder werden anschließend im Kreis „geduscht". Duschen ist etwas Angenehmes und Warmes. Die Dusche im Kreis der Klassenkameraden und Klassenkameradinnen erfolgt mit Worten. Jedes Kind im Kreis sagt dem „Duschkind", was es an ihm besonders mag. Es muss etwas Schönes und Wahres sein! Nach den Steckbriefen und dem „Duschen" werden noch eventuelle Fragen oder Anmerkungen zur Werkstatt besprochen, die Werkstatthefte ausgeteilt und die Arbeitszeit bestimmt. Die Angebotskarten mit den Anweisungen sind mit Nummern versehen, die mit dem Angebotsplan im Werkstattheft übereinstimmen. Ein Piktogramm auf jeder Angebotskarte (ein Kind bzw. zwei Kinder) zeigt zur besseren Orientierung der Schüler an, ob allein oder mit einem Partner gearbeitet werden muss; dasselbe Piktogramm wird bei den dazugehörigen Arbeitsmaterialien wieder verwendet. Jedes Angebot hat seine eigene Ablagebox und einen festen Platz in der Klasse.
Die Arbeitszeit endet immer mit dem Einspielen von Musik. So wissen die Kinder, dass sie nun zum Schluss kommen und ihr bearbeitetes Angebot aufräumen müssen. Falls ein Kind nicht mit einem Angebot fertig geworden ist, legt es sein Namenskärtchen darauf. Damit macht es den anderen Kindern deutlich, dass es in der nächsten Werkstattstunde daran weiterarbeiten möchte.
Nach jeder Arbeitszeit finden sich die Kinder wieder im Kreis zusammen. Darin werden Arbeitsergebnisse vorgestellt, Meinungen geäußert sowie Probleme und Fragen besprochen. Die Werkstattstunde wird zuletzt abgerundet durch ein kleines gemeinsames Spiel, Gedicht oder Lied. Jede Klassengemeinschaft ist dazu aufgerufen, sich vor der ersten Werkstattstunde gemeinsam Gedanken über einen solchen Werkstattabschluss zu machen und sich selbst ein Spiel, Gedicht oder Lied auszudenken. Als Beispiel soll hier unser Indianergedicht aufgeführt werden, das für b-Klassen anwendbar ist.

***Wir sind die Indianer der Klasse 2b und keiner tut dem anderen weh. Schlagen, schubsen, treten soll es bei uns nicht geben. Spaß wollen wir miteinander haben, das Kriegsbeil wird begraben!***

(Beim gemeinsamen Aufsagen des Gedichtes fassen sich alle Kinder an die Hände.)

## 4. Geplanter Stundenverlauf

**Initiation:**
Durch das Vorlesen einiger Steckbriefe, das Erraten der Schreiber und deren anschließendes „Duschen" im Kreis sollen die Kinder auf die folgende Werkstattarbeit eingestimmt werden.
Sozialform: Kreisgespräch
Ungefährer Zeitbedarf: 15 Minuten

**Transformation:**
Die Kinder haben nun Zeit für die verschiedenen Angebote. Dabei können sie sich gegenseitig helfen.
Sozialform: Einzel-, Partner- und Gruppenarbeit
Ungefährer Zeitbedarf: 40 Minuten

**Orientierung:**
Arbeitsanweisungen an den Angeboten sowie der Angebotszettel im Werkstattheft verschaffen den Kindern den nötigen Überblick. Durch die Kennzeichnung der Angebote mittels eines Piktogramms können die Kinder erkennen, ob sie mit einem Partner arbeiten müssen. Die Lehrerin steht für Fragen der Kinder zur Verfügung, wenn nicht die Hilfe durch andere Klassenmitglieder gewährleistet ist.

**Reflexion:**
In der gemeinsamen Reflexion können einzelne Kinder über ihre wahrgenommenen Angebote berichten und Arbeitsergebnisse vorstellen. Die Werkstattarbeit, das weitere Vorgehen sowie eventuelle Verbesserungsvorschläge können besprochen werden. Dem Ausklang dient ein von der Klasse gemeinsam ausgewähltes Spiel, Gedicht oder Lied.
Sozialform: Kreisgespräch
Ungefährer Zeitbedarf: 15 Minuten

## 5. Legitimation durch Lehrpläne und Richtlinien (GS, NRW)

- „(...) Achtung vor der Würde des Menschen und Bereitschaft zu sozialem Handeln zu wecken, ist vornehmstes Ziel der Erziehung.“ (Richtl. NRW, S. 9)
- „Die Grundschule muss sich verstärkt darum bemühen, vielfältige Möglichkeiten zu Eigentätigkeit und zwischenmenschlichem Umgang zu schaffen.“ (Richtl. NRW, S. 9)
- „Die Grundschule erfüllt ihren Bildungs- und Erziehungsauftrag nur, wenn sie ihre Schülerinnen und Schüler als Kinder ernst nimmt und ihre jeweiligen Lebensbedingungen berücksichtigt. Sie darf für die Kinder nicht allein Unterrichtsstätte, sondern muss zugleich Lebens-, Lern- und Erfahrungsraum sein. In ihr sollen sich die Kinder glücklich und geborgen fühlen und in einer freien und befreienden Atmosphäre lernen können.“ (Richtl. NRW, S. 10)
- „Die Kinder müssen Anerkennung und Zuneigung von Mitschülern und Lehrern erfahren und lernen, andere anzuerkennen. Sie müssen in der Schule Sicherheit und Geborgenheit auch dann finden, wenn Auseinandersetzungen auftreten.“ (Richtl. NRW. S. 10)
- „Die Jungen und Mädchen lernen, sich in verschiedenen Situationen zu bewähren und einander zu helfen; sie können sich in ihren individuellen Fähigkeiten ergänzen und voneinander lernen.“ (Richtl. NRW, S. 11)
- „Erziehender Unterricht
  Die Grundschule leistet ihren Beitrag zur grundlegenden Bildung, indem sie bei den Kindern Selbst- und Welterkenntnis anbahnt, sie schrittweise zu Urteilsfähigkeit, zu selbstständigen und verantwortungsbewusstem Handeln hinführt und Einstellungen und Haltungen aufbauen hilft, die für die Persönlichkeitsentwicklung und für die mündige Teilhabe am gesellschaftlichen Leben erforderlich sind.“ (Richtl. NRW, S. 12)
- „Die Schule ist für die Kinder immer auch unmittelbarer Lebens- und Erfahrungsraum, der ihr Denken und Handeln beeinflusst. Es ist deshalb wichtig, dass die Kinder in der Schule vertrauensvolle Bindungen zu Mitschülern und Lehrern, gegenseitige persönliche Zuwendung und offenen mitmenschlichen Umgang erfahren.“ (Richtl. NRW, S. 16)
- Aufgabenschwerpunkte der Klasse 1 und 2 (SU)
  Schule und Schulweg:
  - „Personen in der Schule kennen und mit den Regeln des Schullebens vertraut werden.“ (LP SU, S. 27)

  Ich und die anderen:
  - „sich eigener Einstellungen, Verhaltensweisen, Interessen usw. bewusst werden
  - Rücksicht auf andere nehmen und bei auftretenden Konflikten nach gewaltfreien Lösungen suchen
  - Hilfe von anderen annehmen und selbst Hilfe anbieten“ (LP SU, S. 28)
- Schwerpunkte Sprache – Lehrplan
  Mündlicher Sprachgebrauch:
  - „Verschiedene Sprachvarianten sind zu entwickeln (neue Sprachstile wie reflektierendes, sachliches, beschreibendes Sprechen).
  - Die Fähigkeit, mit anderen über die eigene Verständigung zu sprechen, muss weiterentwickelt werden.
  - Das eigene Sprachverhalten muss zunehmend bewusster geplant werden (Partnerbezug, Aufgaben- und Normentsprechung).
  - Unfruchtbare oder unsoziale Formen der Auseinandersetzung mit anderen müssen zunehmend abgebaut werden. An ihrer Stelle sind auch auf sprachlichem Gebiet geeignete Formen zu entwickeln.“ (LP Sprache, S. 22)

  Aufgabenschwerpunkte:
  - den Umgang miteinander gestalten
  - einander erzählen und einander zuhören
  - sich sachbezogen verständigen
  - Gespräche führen
  - szenisch spielen und vortragen (vgl. LP Sprache, S. 23–24)

  Umgang mit Texten:
  - Texten mit Neugier und Lust begegnen
  - über eigene Texteindrücke sprechen
  - herausfinden, welche Texte man selber mag, welche andere mögen
  - sich emotional ansprechen lassen
  - Informationen entnehmen
  - Anweisungen folgen
  - Texte vortragen
  - Texte umgestalten
  - Texte in Szene setzen (vgl. LP Sprache, S. 32)

  Schriftlicher Sprachgebrauch:
  - aus Situationen heraus Schreibanlässe finden
  - sprachliche Mittel ausprobieren
  - mit Wörtern/Bildern erzählen
  - etwas zur Erinnerung festhalten
  - gelungene Texte erkennen

# II. Werkstattmaterialien

## Regeln für die Werkstattarbeit:

1. Sorgfältig und leise arbeiten!
2. Anweisungen genau lesen!
3. Bearbeitete Angebote mit Datum versehen
4. Freie Angebote wählen!
5. Immer wieder ein neues Kind für Partnerangebote suchen!
6. Musik → Aufräumen!
7. Nicht fertig geworden? → Namensschild

## Ablauf einer Werkstattstunde:

1. Kreis – Steckbriefe und „Duschen“
   – Fragen und Anregungen
2. Arbeitszeit
3. Musik: – langsam aufhören und aufräumen
   – in den Kreis kommen
4. Kreis: – Vorstellung Arbeitsergebnisse, Fragen, Probleme
5. Spiel, Gedicht oder Lied

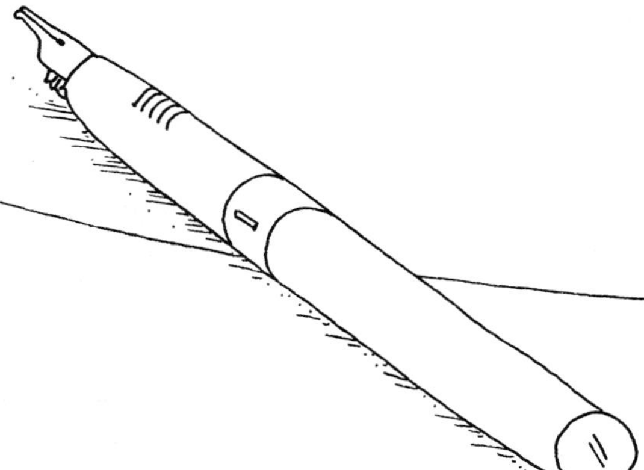

# STECKBRIEF

Augenfarbe

______________________

Das mag ich

______________________

Haarfarbe

______________________

Das mag ich nicht

______________________

Das esse ich gern

______________________

______________________

Das trinke ich gern

______________________

______________________

Das mache ich gern in der Schule

______________________

______________________

Das mache ich gern nachmittags

______________________

______________________

Dieses Tier mag ich gerne

______________________

Dieses Spiel mag ich gerne

______________________

# Einzelangebote der Werkstatt:

| | bearbeitet am | Pflicht? |
|---|---|---|
| 1. Geschenkbriefe | ______ | ______ |
| 2. Telefonliste | ______ | ______ |
| 3. Was ist ein Freund? | ______ | ______ |
| 4. Wann Freunde wichtig sind | ______ | ______ |
| 5. Was meinst du dazu? | ______ | ______ |
| 6. Streit | ______ | ______ |
| 7. Gemeinschaft in der Klasse | ______ | ______ |
| 8. Freundschaft und Klassengemeinschaft | ______ | ______ |
| 9. Warum bist du ein guter Freund oder eine gute Freundin? | ______ | ______ |
| 10. Das mag ich an dir | ______ | ______ |
| 11. Wohlfühlen in der Klasse | ______ | ______ |
| 12. Gedichte | ______ | ______ |
| 13. Geschichten | ______ | ______ |
| 14. Gefühle | ______ | ______ |
| 15. Wir wollen uns wohl fühlen! | ______ | ______ |

Zu diesen Angeboten gehören die mit einem **P** und der entsprechenden Nummer gekennzeichneten Auftragskarten und Arbeitsmaterialien.

# Partnerangebote der Werkstatt:

| | bearbeitet am | Pflicht? |
|---|---|---|
| 1. Theater | ______ | ______ |
| 2. Freundschaftswörter auf dem Rücken | ______ | ______ |
| 3. Rückenmalen | ______ | ______ |
| 4. Ballmassage | ______ | ______ |
| 5. Fragespiel | ______ | ______ |
| 6. Pausenspiele | ______ | ______ |
| 7. Kneten | ______ | ______ |
| 8. Zwei Maler – ein Bild | ______ | ______ |
| 9. Blindgang | ______ | ______ |
| 10. Fotoapparat | ______ | ______ |
| 11. Bierdeckelberg | ______ | ______ |
| 12. Mandala | ______ | ______ |
| 13. Geschichten erfinden | ______ | ______ |
| 14. Wie fühlst du dich, wenn … ? | ______ | ______ |
| 15. Malen | ______ | ______ |

E1

## Geschenkbriefe

Schreibe einem Kind aus unserer Klasse einen Brief. Darin soll nur Schönes über das Kind stehen und es muss wahr sein!

Fange so an: Liebe …,
oder: Hallo …,

Vergiss nicht den Brief zu unterschreiben!

E2

## Telefonliste

Trage alle Namen und Telefonnummern der Kinder aus unserer Klasse in die Liste ein!

Nimm so viele Blätter, wie du benötigst!

Jetzt kannst du alle Kinder anrufen und dich zum Spielen oder Lernen verabreden!

**E2**

# Telefonliste

Ordne in deiner Telefonliste die Namen nach dem Abc!
ABCDEFGHIJKLMNOPQRSTUVWXYZ

Trage alle Namen und Telefonnummern in die Liste ein! Fange mit den Namen mit A am Anfang an! Dann kommen alle Namen mit B, dann mit C …
Nimm so viele Blätter, wie du benötigst!

(als mögliche Variante/Ergänzung zu Einzelangebot 2)

**E3**

# Was ist ein Freund?

Lies den Text und male Bilder dazu!

Fällt dir auch noch etwas dazu ein?
Schreibe es auf die Linien!

E4

# Wann Freunde wichtig sind

1. Lies dir das Gedicht auf Blatt 1 durch!
2. Klebe die passenden Bilder dazu!
3. Nimm dir Blatt 2.
   Schreibe in die Kästchen, warum für dich Freunde wichtig sind! Male daneben passende Bilder!

E5

# Was meinst du dazu?

Lies dir mindestens eine Geschichte durch.
Schreibe auf, was du darüber denkst!

E6

# Streit

Lies dir das Blatt 1 durch und fülle es aus!

Schreibe auf das Blatt 2, was dir noch einfällt!

E7

# Gemeinschaft in der Klasse

Lies dir das Blatt gut durch und
fülle es aus!

E8

# Freundschaft und Klassengemeinschaft

Wie muss ein Freund oder eine Freundin für dich sein?
Wie muss ein Kind aus deiner Klasse für dich sein?

Kreuze auf dem Blatt an, was für dich wichtig ist.

E9

# Warum bist du ein guter Freund oder eine gute Freundin?

Male in das Kästchen ein Bild von dir!
Schreibe auf, warum du eine gute Freundin oder ein guter Freund bist!

E 10

# Das mag ich an dir

Suche dir ein Mädchen und einen Jungen aus unserer Klasse aus. Male ihren Kopf in dein Heft und schreibe darunter:

1. den Namen
2. mindestens 3 Dinge, die du besonders an ihr oder an ihm magst.

E 11

# Wohlfühlen in der Klasse

Schreibe den obersten Satz von dem Blatt ab!
Suche dir dann vier Sätze aus, die dir besonders wichtig sind und schreibe sie darunter!

Male ein Bild dazu!

E 12

# Gedichte

Lies dir mindestens zwei Gedichte durch.
Suche dir ein Gedicht aus und schreibe es in Schönschrift in dein Heft!

Male ein Bild dazu!

Es wäre schön, wenn du dein Gedicht im Kreis vorlesen würdest.

E 13

# Geschichten

Suche dir ein Bild aus und schreibe eine Geschichte dazu!

Deine Geschichte kannst du im Kreis vorlesen.

E 14

# Gefühle

Du kannst traurig, wütend, verärgert, sauer, mutlos, ängstlich, betrübt, betroffen, bedrückt, zornig, verbittert, beleidigt, gekränkt, einsam, glücklich, begeistert, froh, freudig, fröhlich, lustig, erleichtert, erschrocken, nervös, unsicher … sein!
Schreibe auf, wie du dich in den Situationen fühlst! Auf jede Linie gehören mindestens 2 Wörter!

E 15

# Wir wollen uns wohl fühlen!

Schreibe den Text in dein Heft!
Unterstreiche 2 Sätze, die dir besonders wichtig sind. Male dann, was **du** tun kannst, damit sich alle Kinder in der Klasse wohl fühlen!

P1

## Theater

Lest euch die Streitgeschichten durch.
Sucht euch eine dieser Geschichten aus.
Denkt euch eine friedliche Lösung aus!
Jetzt macht ein kleines Theaterstück daraus
und führt es am Ende der Stunde in der
Klasse vor! Gut üben!

P2

## Freundschaftswörter auf dem Rücken

Suche dir ein Wort aus.
Schreibe es deinem Partner mit dem Finger
auf den Rücken! Du musst jeden Buchstaben
einzeln und deutlich schreiben! Kann er es
erraten?
Wechselt euch ab.

**P3**

# Rückenmalen

Ihr braucht: ein großes Blatt, eine Sanduhr,
Wachsmalstifte und ein Tuch

Einer von euch bekommt die Augen zugebunden.
Dieses Kind soll nun blind das malen, was ihm der Partner mit seinem Finger auf den Rücken malt.
Dabei sollt ihr nicht reden!
Wenn die Sanduhr abgelaufen ist, dürft ihr wechseln.
Dann malt der andere auf dem gleichen Blatt weiter.
Wechselt so oft, bis das Blatt schön bunt und voll aussieht.
Wenn ihr Lust habt, dürft ihr euer Kunstwerk danach zusammen verfeinern und ausmalen.

**P4**

# Ballmassage

Ihr braucht: einen Ball, eine Decke und eine Sanduhr

Suche dir mit deinem Partner einen Ball aus.
Einer macht es sich dann auf der Decke gemütlich.
Er bekommt eine sanfte Ballmassage, bis die Sanduhr abgelaufen ist!
Danach wechselt ihr!

P5

# Fragespiel

Ihr braucht: einen Würfel

Wer eine 2, 4 oder 6 würfelt, darf eine Fragekarte ziehen. Lies die Frage deinem Partner vor. Lass ihm genügend Zeit für die Antwort! Würfelt abwechselnd. Das Spiel ist zu Ende, wenn alle Fragekarten weg sind.

P6

# Pausenspiele

Lest euch zusammen die Karten mit den Pausenspielen durch. Sucht euch eins dieser Spiele für die Pause aus!

P7

## Kneten

Ihr braucht: Knete

Ein Kind formt aus der Knete einen Gegenstand, ein Tier oder eine Figur. Das andere Kind soll erraten, was es ist!
Danach darf das andere Kind kneten!

P8

## Zwei Maler – ein Bild

Ihr braucht: Wachsmalstifte, einen Würfel, ein großes Blatt

Wer zuerst eine 6 würfelt, darf beginnen.
Das Kind fängt einfach an etwas zu malen.
Das andere Kind würfelt immer weiter. Wenn es sechsmal eine 1 gewürfelt hat, ist Wechsel! Nun muss das andere Kind sechsmal eine 1 würfeln.
Wechselt immer weiter, bis das Blatt schön bunt aussieht!
Vorsichtig würfeln!

**P 9**

# Blindgang

Ihr braucht: ein Tuch

Ein Kind bekommt mit einem Tuch die Augen zugebunden. Das andere Kind führt es am Arm vorsichtig durch die Schule.
Dabei soll das Kind mit den zugebundenen Augen viele Sachen ertasten. Führe es zum Beispiel zu einem Tisch, einer Türklinke, einem Regal …!
Das blinde Kind vertraut dem anderen!
Sei vorsichtig! Sag dem blinden Kind, wo es aufpassen muss!

**P 10**

# Fotoapparat

Ein Kind ist der Fotoapparat, das andere der Fotograf. Der Fotoapparat schließt seine Augen. Der Fotograf führt ihn nun vorsichtig am Arm durch die Schule. Wenn er etwas entdeckt, was er fotografieren möchte, bringt er zuerst den Fotoapparat in die richtige Position. Stimmt die Position, zieht der Fotograf den Fotoapparat sanft am Ohrläppchen.
Der Fotoapparat öffnet nur ganz kurz seine Augen. Mit geschlossenen Augen geht es dann weiter. Nach drei Fotos wird gewechselt!

P 11

# Bierdeckelberg

Ihr braucht: viele Bierdeckel, eine Decke

Einer von euch legt sich auf die Decke.
Wie herum ist egal!
Das andere Kind hockt sich daneben und legt vorsichtig nacheinander die Bierdeckel auf das liegende Kind. Es soll zum Schluss kaum noch zu sehen sein! Von Kopf bis Fuß voller Bierdeckel!
Wechselt euch ab!

P 12

# Mandala

Ihr braucht: ein Mandala,
Filz- oder Buntstifte

Sucht euch ein Mandala aus, was euch beiden gefällt. Dann einigt euch, welche Stifte ihr nehmen wollt. Jetzt malt ihr das Mandala gemeinsam aus. Dabei sollt ihr möglichst nicht reden!

P 13

# Geschichten erfinden

Legt die Bilderkarten verkehrt herum auf den Tisch und mischt sie durch.
Einigt euch, wer anfangen darf!
Das beginnende Kind dreht nun eine Bilderkarte um. Es soll dem Partner eine Geschichte zu dem Bild erzählen! Versucht in euren Geschichten friedliche Lösungen zu finden!

P 14

# Wie fühlst du dich, wenn …?

Ihr braucht: einen Würfel

Wer eine 1, 3 oder 5 würfelt, darf eine Fragekarte ziehen. Lies die Frage deinem Partner vor. Lass ihm genügend Zeit für die Antwort! So könnt ihr antworten: „Ich fühle mich …“ oder „Ich bin …“.
Würfelt abwechselnd!
Überlegt zusammen, was man machen kann …

P 15

# Malen

Male in dein Heft ein Bild von Kindern, die sich streiten.
Warum streiten sie sich?
Denk dir eine Geschichte dazu aus und erzähle sie deinem Partner.
Wenn du möchtest, kannst du dein Bild im Kreis zeigen und auch den anderen Kindern die Geschichte erzählen.

# Meine Telefonliste

| Name | Nummer |
| --- | --- |

E3

# Was ist ein Freund?

## Ein Freund ist jemand,

der mir zuhört,

der mit mir lacht,

der zu
mir hält,

der mich tröstet, wenn ich
mal traurig bin,

# Wann Freunde wichtig sind

| | |
|---|---|
| Freunde sind wichtig zum<br>Sandburgenbauen, | |
| Freunde sind wichtig,<br>wenn andre dich hauen, | |
| Freunde sind wichtig zum<br>Schneckenhaussuchen, | |
| Freunde sind wichtig zum<br>Essen von Kuchen. | |

**Vormittags, abends,**
**im Freien, im Zimmer, …**

**Wann Freunde wichtig sind?**
**Eigentlich immer!**

Georg Bydlinski, Mödling

# Wann Freunde wichtig sind

Freunde sind wichtig

________________________

________________________

Freunde sind wichtig

________________________

________________________

Freunde sind wichtig

________________________

________________________

**Vormittags, abends,**
**im Freien, im Zimmer, …**

**Wann Freunde wichtig sind?**
**Eigentlich immer!**

# Wann Freunde wichtig sind

# Was meinst du dazu: Gedrängel im Gang

Es ist Montag früh. Die Kinder stehen vor der Schule und warten gespannt darauf, dass sich die Türen öffnen. Als es endlich soweit ist, wollen alle gleichzeitig durch die Eingangstür der Schule. Das Gedrängel ist groß. Moni wird von hinten geschubst und stößt heftig gegen Armin. Armin ist sauer!

**Was meinst du dazu? Schreibe es auf:**

# Was meinst du dazu: Der Stuhl

Franz darf vor der ganzen Klasse seinen Lesetext vortragen. Stolz liest er vor, was er zu Hause geübt hat.
Als er sich wieder setzen will, zieht Ina ihm den Stuhl weg.

**Was meinst du dazu? Schreibe es auf:**

E5

# Was meinst du dazu: Der Ball

Toni und Markus finden einen Ball.
„Er gehört mir“, ruft Toni, „ich habe ihn zuerst gesehen!“
„Er gehört mir“, ruft Markus, „ich habe ihn aufgehoben!“

**Was meinst du dazu? Schreibe es auf:**

# Streit

Man kann nicht jeden Streit verhindern. Manchmal ist man einfach so sauer auf jemanden, dass man vor Wut platzt. Trotzdem sollte man dem anderen Kind deswegen nicht weh tun. Man sollte das Kind nicht schlagen. Man sollte aber auch keine Schimpfwörter benutzen. Schimpfwörter können auch weh tun!

Was tut einem richtig weh?
Male den Kreis davor rot aus!

Was kann man sagen?
Male den Kreis davor grün aus!

- ◯ Hau ab, du blöde Kuh!
- ◯ Hör bitte auf!
- ◯ Lass mich bloß in Ruhe, sonst hau ich dir eine rein!
- ◯ Lass mich in Ruhe!
- ◯ Ich habe keine Lust auf einen Streit mit dir!
- ◯ Ich finde es ehrlich schade, dass du mich nicht mitspielen lässt!
- ◯ Du blöde Zicke!
- ◯ Ich schlage vor, wir spielen morgen miteinander. Heute möchte ich nicht so gerne.
- ◯ Das ist nicht richtig, was du sagst.
- ◯ Red nicht so einen Scheiß!
- ◯ Ich bin sauer auf dich!

# Streit

Was fällt dir noch ein?
Was tut einem richtig weh?
Was kann man sagen?

# Gemeinschaft in der Klasse

Mit welchen Kindern in der Klasse arbeitest du gerne?

________________________________________

________________________________________

Warum sind es diese Kinder?
Was ist wichtig für dich? Kreuze an:

- ☐ sitzt in der Klasse neben mir
- ☐ wohnt in meiner Nähe
- ☐ hat viele gute Ideen
- ☐ hilft mir gerne
- ☐ wir vertrauen uns
- ☐ wir treffen uns auch nachmittags
- ☐ wir haben selten Streit miteinander
- ☐ wir mögen uns
- ☐ wir können über alles reden
- ☐ wir haben viel Spaß zusammen
- ☐ ich helfe ihm/ihr gerne
- ☐ ist genauso schnell wie ich

Was fällt dir noch ein?

- ☐ ____________________________________
- ☐ ____________________________________

Mit wem könntest du noch zusammen arbeiten?

________________________________________

________________________________________

# Freundschaft und Klassengemeinschaft

**Kreuze an, was dir besonders wichtig ist!**
**Du kannst noch mehr Wörter dazuschreiben.**

| Wie soll deine Freundin oder dein Freund sein? | | Wie soll ein Kind aus deiner Klasse sein? |
|---|---|---|
| ☐ | freundlich | ☐ |
| ☐ | still | ☐ |
| ☐ | stark | ☐ |
| ☐ | sportlich | ☐ |
| ☐ | groß | ☐ |
| ☐ | klein | ☐ |
| ☐ | klug | ☐ |
| ☐ | nett | ☐ |
| ☐ | hilfsbereit | ☐ |
| ☐ | lieb | ☐ |
| ☐ | schüchtern | ☐ |
| ☐ | fleißig | ☐ |
| ☐ | gut | ☐ |
| ☐ | vertrauenswürdig | ☐ |
| ☐ | witzig | ☐ |
| ☐ | fröhlich | ☐ |
| ☐ | ehrlich | ☐ |
| ☐ | lustig | ☐ |
| ☐ | ängstlich | ☐ |
| ☐ | ruhig | ☐ |
| ☐ | laut | ☐ |
| ☐ | verlässlich | ☐ |
| ☐ | höflich | ☐ |
| ☐ | ____________ | ☐ |
| ☐ | ____________ | ☐ |
| ☐ | ____________ | ☐ |

# Warum bist du ein guter Freund oder eine gute Freundin?

Das bin ich!

Ich kann eine gute Freundin oder ein guter Freund sein, weil …

# Wohlfühlen in der Klasse

## Damit wir uns alle in der Klasse wohl fühlen, müssen wir etwas tun:

Wir können uns gegenseitig helfen.

Wir können miteinander lernen.

Wir können miteinander spielen.

Wir können miteinander lachen.

Wir können uns zuhören.

Wir können uns die Meinung sagen.

Wir können uns vertragen.

Wir können andere Kinder trösten, wenn sie traurig sind.

Wir können uns bei Streitigkeiten einigen.

Wir können miteinander über alles reden.

# Gedichte

## Freunde

Mit Freunden ist es manchmal
gar nicht so einfach.
Babsi will Peter,
Peter will Karin,
Karin will Axel,
Axel will Jochen,
Jochen will Sandra –
und ich will dich!

Herkunft unbekannt

## Vom Alleinsein

Sie sind zu zweit,
sie sind zu dritt.
Ich bin allein,
ich spiel nicht mit.
Ich spiel nicht mit,
ich bin allein.
Es ist gemein,
allein zu sein.

aus: Jutta Richter: Der Sommer
schmeckt nach Himbeereis

## Warum sich Raben streiten

Weißt du, warum sich Raben streiten?
Um Würmer und Körner und Kleinigkeiten,

um Schneckenhäuser und Blätter und Blumen
und Kuchenkrümel und Käsekrumen

und darum, wer Recht hat und Unrecht, und dann
auch darum, wer schöner singen kann.

Mitunter streiten sich Raben wie toll
darum, wer was tun und lassen soll,

und darum, wer Erster ist, Letzter und Zweiter
und Dritter und Vierter und so weiter.

Raben streiten um jeden Mist.
Und wenn der Streit mal zu Ende ist,

weißt du, was Raben dann sagen?
Komm, wir wollen uns wieder vertragen!

Frantz Wittkamp
aus: Hans-Joachim Gelberg (Hrsg.): Überall und neben dir
1986 Beltz Verlag, Weinheim und Basel
Programm Beltz & Gelberg, Weinheim

# Gedichte

## Sich mögen

Ich mag dich.
Ich mag dich sehr.
Ich mag dich sehr gut.
Ich mag dich sehr gut riechen.
Ich mag dich auch.
Ich mag dich auch sehr.
Ich mag dich auch sehr gut.
Ich mag dich auch sehr gut riechen.

Herkunft unbekannt

## Beste Freundin

Ich renn mit dir durch
dünn und dick und bis zum
Nordpol und zurück.

Herkunft unbekannt

## Freunde

Freunde braucht man für tausend Sachen.
Freunde braucht man um Quatsch zu machen.
Freunde sind da, heute und morgen.
Wer einen Freund hat, der hat nur halb so viel Sorgen.
Eine Freundin geht mit auf Abenteuer.
Zusammen verjagt man die Ungeheuer
und spielt gemeinsam Drachenschwanzjagen,
dann scheint die Sonne sogar an Regentagen.

Lea Hector

# Geschichten

E 13 **Geschichten**

E 13

# Geschichten

E13 Geschichten

# Gefühle

## Wie fühlst du dich?

Ein Kind schreit dich an!

---

Ein Kind schlägt dich!

---

Du kannst etwas nicht. Ohne zu fragen, kommt dir ein Kind zu Hilfe!

---

Kinder drängeln in die Klasse. Du stehst mittendrin und von allen Seiten drückt es!

---

Ein Kind lacht dich aus!

---

Du hast kein Kind zum Spielen in der Pause.

---

Ein Kind nimmt ohne zu fragen deine Stifte!

---

Du bist traurig. Da kommt ein Kind zu dir und sagt: „Ich sehe, dass du traurig bist! Kann ich dir helfen?“

---

Ein Kind aus deiner Klasse tröstet dich, weil du dir weh getan hast.

---

# Wir wollen uns wohl fühlen!

Es ist schön, wenn wir uns gegenseitig helfen und höflich zueinander sind.
Die Schule macht mehr Spaß, wenn wir uns gut verstehen!
Alle Kinder der Klasse fühlen sich wohl, wenn keiner dem anderen weh tut.
Schimpfwörter können auch weh tun.
Deswegen benutzen wir sie nicht.
Wenn es Streit gibt, versuchen wir miteinander zu reden und uns zu einigen.
Wenn es nicht klappt, gehen wir auseinander und klären das Problem mit der Lehrerin.

P1

# Theater

## Mathematik

Zwei Kinder sitzen nebeneinander in der Schule. Sie machen ihre Aufgaben im Mathematikbuch. Plötzlich fängt das eine Kind laut an zu lachen! Es macht sich über das andere Kind lustig.
Was ist wohl passiert?
Wie kann man es schaffen, dass daraus kein großer Streit wird?

## Spielen

Ein Kind spielt mit seinem grünen Stoffdrachen. Es ist heute nicht gut gelaunt und ist froh, allein zu spielen. Ein anderes Kind würde gerne mitspielen.
Es fragt das Kind mit dem Drachen, ob sie zusammen spielen können.
Was passiert wohl?
Wie kann man es schaffen, dass daraus kein Streit wird?

## Stifte

Zwei Kinder sitzen nebeneinander in der Schule. Sie haben sich Geschichten ausgedacht und schreiben sie in ihr Heft.
Ohne zu fragen nimmt sich das eine Kind einfach zwei Stifte aus dem Mäppchen des anderen Kindes.
Was passiert wohl?
Wie kann man es schaffen, dass daraus kein großer Streit wird?

# Freundschaftswörter auf dem Rücken

gemeinsam

wir

vertrauen

zuhören

spielen

Spaß

helfen

Freude

trösten

lachen

kuscheln

malen

teilen

basteln

freuen

zusammen

Freundin

Freund

P5

# Fragespiel

| | |
|---|---|
| Wen magst du besonders gerne? Warum? | Was machst du nachmittags? |
| Wovor hast du Angst? | Was spielst du gerne? |
| Wann hattest du das letzte Mal Angst? Warum? | Was trinkst du gerne? |
| Wie geht es dir heute? | Erzähl etwas über deine Familie! |
| Mit was spielst du gerne? | Wann warst du besonders traurig? Warum? |
| Machst du Sport? | Worüber freust du dich? |

# Fragespiel

| | |
|---|---|
| Wie sollte ein Freund sein? | Was kannst du besonders gut? |
| Wie sollte eine Freundin sein? | Was kannst du nicht so gut? |
| Hast du Tiere? | Wie heißt du? |
| Welches Tier magst du am liebsten? | Wo wohnst du? |
| Hast du Geschwister? Wie heißen deine Geschwister? | Kennst du deine Telefonnummer? |
| Was macht dir in der Schule Spaß? | Was isst du gerne? |

# Pausenspiele

P6

Pausenspiel 1:

## Frittenfangen

Ihr braucht: 1 gelber Schwamm als Fritte
5 bis 15 Kinder

Anleitung:
Das Kind mit der Fritte in der Hand versucht die anderen Kinder damit abzuschlagen. Wer berührt wird, bekommt die Fritte und ist Fänger!

P6

Pausenspiel 2:

## Flamingokampf

Ihr braucht: nur euch! (2 Kinder)

Anleitung:
Ihr seid beide Flamingos. Flamingos stehen immer auf einem Bein!
Sie haben natürlich keine Arme!
Also verschränkt eure Arme vor der Brust. Nun dürft ihr ohne Arme miteinander kämpfen! Wer zuerst mit beiden Beinen auf dem Boden steht, hat verloren!
Flamingos kämpfen immer fair und tun sich nicht weh!!!!!!!!!

# Pausenspiele

P 6

Pausenspiel 3:

## Gummispringen

Ihr braucht: 1 Gummi
4 Kinder

Anleitung:
Zwei Kinder legen sich das Gummiband in Knöchelhöhe um die Beine. Geht dann so weit auseinander, bis das Gummiband straff ist. Das dritte Kind hüpft nun etwas vor. Das vierte Kind macht es nach. Wechselt euch ab!

P 6

Pausenspiel 4:

## Pferdekutsche

Ihr braucht: 1 Seil
2 Kinder

Anleitung:
Das eine Kind ist der Kutscher, das andere das Pferd. Als Pferdeleine dient das Seil! Legt das Seil um den Bauch des Pferdekindes! Dann kann es losgehen! Denkt euch eine Rennstrecke aus. Sie soll über Hindernisse und über einen Wassergraben führen!

# Pausenspiele

P6

Pausenspiel 5:

## Kampf der Hennen

Ihr braucht: 2 Esslöffel
2 Tischtennisbälle als Eier
2 Kinder

Anleitung:
Ihr seid Hennen! Jede Henne hat einen Löffel in der Hand. Darauf liegt ihr das Ei (Tischtennisball). Das Ei darf nicht herunterfallen! Die Hennen kämpfen nun vorsichtig miteinander. Ihr müsst eure Eier gut beschützen! Wenn ein Ei runterfällt, hat die Henne ihren Kampf leider verloren.
Hennen kämpfen immer fair und tun sich nicht weh!!!!!!!!!

P6

Pausenspiel 6:

## Bärenhöhle

Ihr braucht: 1 Kreide
8 bis 15 Kinder

Anleitung:
Mit der Kreide malt das Bärenkind einen Kreis um sich herum. Das ist die Höhle des Bären. Alle anderen Kinder stehen im Kreis an den Händen gefasst drum herum. Plötzlich ruft der Bär aus seiner Höhle: „Der Bär kommt!“ Alle Kinder laufen so schnell es geht weg. Der Bär versucht ein Kind zu fangen!
Das gefangene Kind kann in der nächsten Runde der Bär sein.

# Pausenspiele

P 6

Pausenspiel 7:

## Schneckenhüpfen

Ihr braucht: 2 bis 5 Kinder

Anleitung:
Geht zu der aufgemalten bunten Schnecke auf unserem Schulhof! Wer schafft es, auf einem Bein alle Felder der Schnecke abzuhüpfen? Ihr müsst ganz genau in die Felder hüpfen. Wer auf dem Rand oder gar daneben landet, muss sich wieder hinten anstellen!

P 6

Pausenspiel 8:

## Bäumchen, wechsel dich!

Ihr braucht: pro Kind einen Hula-Hoop-Reifen
5 bis 15 Kinder

Anleitung:
Jedes Kind legt seinen Reifen auf den Boden und stellt sich hinein. Die Reifen müssen mindestens ein paar Meter auseinander liegen! Nur ein Kind hat keinen Reifen. Es ruft nun: „Bäumchen, wechsel dich!“ Darauf müssen alle Kinder ihren Platz verlassen und sich einen neuen Reifen suchen. Das Kind ohne Reifen versucht ebenfalls, einen leeren Reifen zu finden. Wer nun ohne Reifen ist, ruft in der nächsten Runde: „Bäumchen, wechsel dich!“

**P 13** 

# Geschichten erfinden

**P 13** 

# Geschichten erfinden

P 13

# Geschichten erfinden

**P 13**

# Geschichten erfinden

# Wie fühlst du dich, wenn …?

Wie fühlst du dich, wenn die Kinder dir aus dem Weg gehen und nichts mehr mit dir zu tun haben wollen?
Was kannst du machen?

Wie fühlst du dich, wenn du zu Hause dein Mäppchen vergessen hast und keiner dir Stifte leihen möchte?
Was kannst du machen?

Wie fühlst du dich, wenn alles schief geht und du keinen hast, der dich tröstet?
Was kannst du machen?

Wie fühlst du dich, wenn deine beste Freundin oder dein bester Freund lieber mit anderen spielt?
Was kannst du machen?

Wie fühlst du dich, wenn ältere oder stärkere Kinder dich bedrängen?
Was kannst du machen?

Wie fühlst du dich, wenn keiner mehr etwas von dir wissen will?
Was kannst du machen?

# Wie fühlst du dich, wenn ...?

Wie fühlst du dich, wenn jemand zu dir sagt,
dass du zu dick bist?
Was kannst du machen?

Wie fühlst du dich, wenn jemand zu dir sagt,
dass du hässlich bist?
Was kannst du machen?

Wie fühlst du dich, wenn andere damit angeben,
besser oder schneller zu sein?
Was kannst du machen?

Wie fühlst du dich, wenn dir jemand etwas weg-
nimmt?
Was kannst du machen?

Wie fühlst du dich, wenn jemand über dich
schlecht redet?
Was kannst du machen?

Wie fühlst du dich, wenn kein Kind mehr mit dir
spielen möchte?
Was kannst du machen?

P 14

# Wie fühlst du dich, wenn …?

Wie fühlst du dich, wenn jemand ein Schimpfwort zu dir sagt?
Was kannst du machen?

Wie fühlst du dich, wenn dich jemand auslacht, weil du etwas nicht kannst?
Was kannst du machen?

Wie fühlst du dich, wenn dich jemand ärgert, weil du langsamer bist als er?
Was kannst du machen?

Wie fühlst du dich, wenn dich jemand schlägt?
Was kannst du machen?

Wie fühlst du dich, wenn dir jemand Prügel androht?
Was kannst du machen?

Wie fühlst du dich, wenn dir jemand Angst macht?
Was kannst du machen?